AF312098

DISSERTATION

SUR LA BIERE,

ET

REPONSE

A LA LETTRE ANONIME

SUR LE MESME SUJET.

Par FRANÇOIS QUEMINEL, *Ancien Juré-Eche-vin, & Medecin Pensionnaire de la Ville de Valenciennes.*

A BRUXELLES,

Chez FRANÇOIS FOPPENS, Libraire au Saint Esprit 1737.

OCCASION

De la presente Réponse.

LE Magistrat de Valenciennes, con-formément à ses anciens Regle-mens, notanment à celuy du 14. Octobre 1684. vouloit obliger les Brasseurs & leurs domestiques de *s'expurger par serment de ne mettre, ou faire mettre directement ou indirectement, aucuns pieds de veaux, drogues ou autres ingrediens, q.ce l'orge & le houblon* pour la confection de toutes les Bieres qui se brasseroient à Valenciennes.

Les Brasseurs soupçonnés d'y joindre de la chaux vive, de leur propre mouve-ment, & sans aucune contrainte s'offroient de se soumettre audit Reglement quant à ce point; soûtenant que les pieds de veaux, bien loin de déteriorer leurs Bieres, les rendoient, & plus saines & plus agréa-bles.

A ij

Nonobſtant cela, pluſieurs de ces Braſſeurs furent interdits, conformément audit Reglement : l'avis verbal d'aucuns
Medecins, qui ne leurs étoit point favorable, leurs faiſant aprehender quelque
choſe de plus, les a determiné à voir ſi
tous les Medecins ſeroient du même ſen-
timent.

L'avis de l'auteur de cette réponſe leur
fut favorable : aucun Medecin n'y a répondu, quoy qu'invités même par le Ma-
giſtrat, tellement que toutes les interdic-
tions furent levées, & les Braſſeurs n'ont
ſouffert depuis lors aucun trouble dans
l'uſage qu'ils ont , & qu'ils avoient de
mettre des pieds de vea　: ou de bœufs,
pendant la cuiſſon de leurs Bieres. Cet
avis eſt du 28. Decembre 1718.

En 1734. le premier Octobre, l'on a
annoncé à Valenciennes une Lettre ſur
la Biere, l'Auteur y donne l'avantage à
celle qui ne ſe fait,, Qu'avec de l'orge &
,, des fleurs de houblon, & declame contre celles, dans leſquelles on fait boüillir,
pendant leur cuiſſon ,, Des pieds de veaux,
,, de bœufs, & même de la chaux vive ; ce

„ qui merite, continue-t'il, une attention
„ particuliere du Juge de Police.

Cette lettre n'a point eu le fuccés que
fon Auteur a pû fe propofer, aucun Juge
n'y a fait attention, elle a eu le malheur
de ne point obtenir l'approbation du public, qui fçait mieux juger de la bonté
des Bieres qu'aucun Medecin; & fi nous
repondons à cette lettre, qu'un défaut de
methode & les inutilités rendent en-
nuyante & defagreable, c'eft que dans
plufieurs occafions de pratique, ce Medecin a taché de mettre les malades en
défiance contre cette boiffon, lorfqu'ils
la fouhaitoient même avec ardeur.

La defcription qu'il fait de la Biere de
Valenciennes eft bien impropre „ La
„ boiffon, dit-il, dont on fe fert aujour-
„ d'huy dans nôtre Ville eft un compo-
„ fé d'eau, d'orge, de bled, de chaux
„ vive, de pieds de bœufs ou de veaux
„ & de houblon.

La Biere de Valenciennes n'eft rien
moins qu'un femblable compofé: la leffive
coulée, par exemple, n'eft point un compofé de cendres, l'eau de chaux filtrée,

n'eſt point un compoſé de chaux, ce ſont des liqueurs plus ou moins Alkalines (comme parlent les Medecins) qui ont leurs uſages en medecine & ailleurs.

Ce Medecin a fait imprimer l'avis don-né en faveur des Braſſeurs à la fin de ſa Lettre ; c'eſt donc cet avis qu'il attaque quoyqu'on n'y eut fait aucune mention de la chaux ; c'eſt donc un cartel de defi d'y repondre qu'il donne, aprés une tréve de ſeize ans. On l'a devroit cette repon-ſe au public, dont on a défendu & ſoû-tenu les interêts ; ſi cette lettre contenoit des reflexions capables d'occuper l'eſprit, & en ſuſpendre le jugement : mais non, en la liſant, on s'eſt trouvé confirmé de plus en plus dans ce qu'on a avancé ; & quoy qu'en puiſſe dire ulterieurement ſon Au-teur. C'eſt encore un fait, dont on ne peut douter, qu'un peu de chaux, que l'on jetteroit dés le commencement de la coction des Bieres, ne pourroit que les perfectionner, c'eſt ce que l'on prouvera aprés avoir refuté ce que dit ce Medecin touchant les Bieres „ Des ſiécles paſſés,„ & répondu aux objections qu'il fait contre nôtre avis.

AVIS

Donné en faveur des Brasseurs.

RANÇOIS QUEMINEL, Mede-
cin & ancien Eschevin de la Ville
de Valenciennes, consulté & sup-
plié de donner son avis touchant
la composition des Bieres. Si quelques
pieds de veaux ou de bœufs qu'on y jette
pendant leurs cuissons, engendrent des
viscosités & des glaires ; & si la santé de
l'homme a quelque chose à craindre de
cette boisson ordinaire, dit.

Premierement, que rien n'a si heureu-
sement perfectionné la Biere que les fleurs
de houblon par ce mélange, elle devient
amere, aperitive, amie de l'estomac &
de tous les visceres.

Secondement, que tout ce qui est fade,
visqueux & gluant, n'est point pernicieux

à la santé, veu que la Medecine ordonne
les chofes les plus vifqueufes, pour les maladies les plus opiniâtres; car quoy de plus
gluant que les racines mucilagineufes &
les limaçons! que les extremités des animaux & leurs gelées, que l'obfervation
fait préferer a tant d'autres remedes
contre les maladies qu'on attribue ordinairement aux vifcofités & aux glaires.

Troifiémement, que par la digeftion, les
aliments font mis en état de circuler avec
le fang & s'incorporer aux parties qui ont
à fe nourrir. La Biere dans laquelle pendant fa cuiffon, on a jetté quelques pieds
de veaux ou de bœufs, ne contient rien
de contraire, fa convenance avec les parties qui ont à fe reparer eft toute naturelle, moins feculente, plûtôt clarifiée,
plus delicieufe & plus coulante, elle eft
auffi plus facile à digerer; tellement que
les accufations dont on la charge, d'em-
baraffer le fang, d'engendrer des colles,
des crudités, des vifcofités & des glaires,
font folles & imaginaires.

En effet, les maladies qu'on attribue
ordinairement aux glaires, font moins
frequentes parmy les petits Bourgeois, les

payfans & les chartiers, eux qui de tous les hommes vivent le plus groffierement, qui fe rempliffent tous les jours de plu-fieurs fortes de Bieres clarifiées par des ingrediens, qui peut-être n'ont point la convenance dont nous venons de parler; ils font, dit-on, rarement fujets aux cru-dités; par exemple aux rots, aux vomif-femens & aux coliques, tandis que ceux qui font meilleure chere & qui boivent le bon vin en font frequenment tour-mentés. En un mot, les corps fecs & échauffés font plus de ferofités que les autres; l'ufage trop frequent du vin eft la caufe la plus frequente des maux d'efto-mac, des crudités & des glaires, & la Biere de laquelle il s'agit les guerit.

Par l'adjonction de quelques pieds de veaux, la Biere devient plus onctueufe, moins agaçante, & par confequent plus amie de l'eftomac, elle conferve aux parties folides & aux fibres leur foupleffe & tention naturelle, fi neceffaires pour la circulation & filtration des liqueurs, en quoy principalement confifte la vie des hommes, elle donne moins d'ardeurs d'u-rine, échauffe moins les reins, & groffit moins la pierre en ceux qui l'ont.

Tellement qu'on ofe avancer que la vie de l'homme en feroit plus longue, fi cette Biere, compofée feulement d'orge & de fleurs de houblons (en y jettant pendant la cuiffon quelques pieds de veaux ou de bœufs) luy fervoit de boiffon ordinaire.

C'eft un fait connu que les décoctions de viandes fe corrompent & s'aigriffent en tres peu de temps, principalement en efté, auffi cette faifon n'eft point propre pour braffer. Le reproche qu'on feroit à cette Biere de fe corrompre & s'aigrir plus facilement eft plus grave en apparence & n'eft pas mieux fondé, fi l'on y fait attention l'on y decouvrira un Analogifme évidenment faux.

Enforte que le fufdit Medecin confulté tient pour certain, & eft d'avis que la Biere ou, pendant fa cuiffon on a jetté quelques pieds de veaux ou de bœufs, n'engendre ny crudités, ny glaires, qu'au contraire elle en eft plus falutaire, & par confequent que la fanté de l'homme n'a rien à craindre de cette boiffon ordinaire.

Confulté & avifé à Valenciennes le 28. Decembre 1718.

QUEMINEL.

DISSERTATION
SUR LA BIERE,

NOtre deſſein n'eſt point de dé-
crier aucunes Bieres, elles ont
toutes leur merite, & ſont toutes plus ou moins bonnes, nous
nous propoſons ſeulement de ſoûtenir les
avantages de celles de Valenciennes, pendant la cuiſſon deſquelles, on jette quelques pieds de veaux ou de bœufs, ſur celle
qui ne ſeroit faite (toutes choſes égales
d'ailleurs) qu'avec l'orge & les fleurs de
houblon.

Nous ne ſçavons rien de poſitif touchant les aſſaiſonnemens des Bieres les
plus anciennes, nous ſçavons au plus que
les plus anciens Egyptiens, uſoient d'une
boiſſon faite avec l'orge, & que la maniere
de preparer le grain, comme on le prepa-
re même aujourd'huy, eſt d'une invention
au moins auſſi ancienne, que la Biere même.

Quand nous n'aurions point Herodote & Diodore de Sicile, pour garands de ce que nous venons d'avancer, cette preparation de l'orge conteroit au moins douze Siecles d'ancienneté.

Ætius, qui étoit Egyptiens & vivoit dans le cinquiéme Siecle, vers la fin duquel il a écrit, marque en termes exprés que l'orge dont on se servoit étoit, *Hordeum madefactum quod regerminans cum ligulis enatis torretur* ; c'est-a-dire en termes du Pays de l'orge germée & braisée.

Le Zythum des Egyptiens, c'est ainsi qu'on appelloit leur Biere, par la bonté de sa saveur ne cedoit que peu au vin, c'est le témoignage qu'en donne Diodore de Sicile, *Ægytii*, dit-il, *potum ex hordeo saporis bonitate paulo vino inferiorem confecerunt*. Aristote, avant luy, l'a appellé vin d'orge, *Vinum hordeaceum*. En effet, cette boisson rejoüissoit le cœur de ceux qui la buvoient : Les Egyptiens, aprés s'en être remplis & rassasiés, s'abandonnoient aux chants & aux danses, *Veteres hordeaceo potu sese explebant, eoque ita exhilarescebant ut in cantiones & tripudia solverentur*, Dion. l'Acad.

Les Egyptiens passent pour les inven-

teurs de la Biere, art qu'ils ont appris
d'Ofyris leur Roy, & l'un des premiers in-
venteurs de la Medecine. Cette nation
induftrieufe jufqu'à la fuperftition, s'eft ap-
pliquée la premiere à la recherche des
remedes ; & cela avec tant de fuccés, que
nous luy fommes redevables du commencement & des premiers progrés de la
Medecine.

„ L'anonime trouve une grande diffe-
„ rence entre la Biere que l'on boit au-
„ jourd'huy & celles des fiécles paffés,
„ qui ne fe faifoient qu'avec de l'orge
„ qu'on laiffoit (felon luy) maçerer, pourrir
„ & fermenter dans l'eau, fans coction
„ & fans houblon.

Les raports que nous venons de faire
en faveur de la Biere des plus anciens
Egyptiens, qu'Herodote appelle auffi un
vin préparé avec l'orge, nous font croire
que ce n'eft point cette Biere de l'antiquité
la plus reculée, que l'anonime prétend
condamner : il auroit donc dû s'expliquer,
de maniere que l'on auroit fçû *de quels
fiécles paffés* il vouloit parler. Tout le
monde convient d'une grande difference
entre la Biere des Egyptiens & celles des
fiécles pofterieurs, l'on convient que les
premieres fe faifoient fans houblon, fans

pouvoir cependant avoüer qu'elles se faisoient sans l'aide du feu & sans coction.

Quoy que le pain soit l'aliment le plus
necessaire, & que sans son secours, tous les
autres principalement la viande soient trés-
sujets à corruption, neantmoins il n'a pas
été dés le commencement du monde la
nourriture du premier homme. Cette
nourriture devoit être le fruit de son travail & de son application ; Les premiers
hommes se sont donc appliqués quelques
têms aprés la création du monde à broyer
les grains qu'ils moissonnoient des terres
qu'ils avoient cultivé; quels moyens &
quels instrumens dûssent-ils avoir employé
pour cet effet?

Les hommes se trouvants une seconde
fois multipliés, se trouverent encore obli-
gés de se separer, & de chercher à s'éta-
blir, dans les terres, qu'une ruine univer-
selle venoit de rendre desertes: il ne leur
manquoit rien pour ces nouveaux éta-
blissemens, ils sçavoient l'agriculture,
moudre les grains, faire le pain & bien
d'autres arts & métiers, qu'ils tenoient
de leurs peres, ils sçavoient de plus faire
le vin ; aprés cela, y auroit-il quelqu'apparence de vraisemblance, que des hom-
·mes, qui n'ignoroient rien de ce qui é-

toit neceſſaire pour l'utilité & la douceur
de la vie, auroient uſé d'une boiſſon
auſſi miſerable que feroit l'eau dans laquelle „ On auroit laiſſé maçerer, pou-
„ rir & fermenter de l'orge ſans coction
„ & ſans houblon.

Si ce Medecin s'étoit demandé à luy-
même ce que les hommes, avant ou a-
prés le deluge, ont pû faire pour atten-
drir les herbes, racines, legumes ; en un
mot leurs aliments, pour qu'ils n'en fuſſent point incommodés ? auroit-il pû ſe
repondre autre choſe, qu'ils les ont fait
boüillir & cuire dans l'eau comme l'on
fait aujourd'huy.

Voila le premier pas que ces premiers
hommes ont fait vers la medecine : la neceſſité qui les a forcés à s'aprêter leurs aliments, de maniere qu'ils en fuſſent plus
faciles à digerer , les a fait trouver le
regime de vivre des malades, qui conſiſte
à ne leurs ordonner ni plus, ni autre choſe,
que ce qu'ils peuvent ſurmonter.

C'eſt la même neceſſité qui a engagé les
hommes, d'inventer toutes les boiſſons factices connuës aujourd'huy ; l'eau qui a
eſté l'unique boiſſon des hommes avant le
deluge, & qui ſeule pourroit ſuffire à un
homme fort & robuſte, quand il ne s'agit

que de rafraichir, délayer & corriger l'a-
crimonie des humeurs, n'a pû fatisfaire
aux befoins de ceux qui fe trouvoient d'une
conftitution contraire; dans ceux-cy elle
paffe difficilement, ralentit la circulation,
diminuë les évacuations, troubleroit enfin infenfiblement toute l'œconomie animale, fi l'on n'en interrompoit pas quelques fois l'ufage, ou fi l'on n'y ajoûtoit
plus ou moins de vin pour fuppléer à ce
qu'elle a de défectueux.

Telle eft la providence du Createur,
que dans les terres dont les climats font
contraires à la culture des vignes, il s'y
trouve abondamment d'autres fruits, &
divers grains avec lefquels les hommes
ont fçu fe preparer diverfes boiffons, qui,
par une acrimonie douce & utile acquife
par la fermentation, excitent la chaleur
naturelle, fortifient l'eftomac, aident à
la digeftion, favorifent la diftribution des
aliments, facilitent l'infenfible tranfpiration, procurent l'évacuation du fuperflus;
tellement qu'aprés un petit excés de femblable boiffon, l'on fe fent bien fouvent
plus leger, plus gay & plus difpos.

Telles étoient les proprietés des Bieres
des anciens Egyptiens, qui fe faifoient
fans les fleurs de houblon, fans lefquelles
les

les Anglois & les Danois en font auffi
une très - aperitive & très - agreable.
fin fine lupulis aliifve analogis fiat,
à fçavoir, *Cervifia, nobis & Danis nomi-
natur Ale,* cette Biere eft en telle re-
commandation chez ces peuples, que fuivant l'étimologie de fon nom elle femble
tenir lieu de toute autre nourriture. *Qui-
bus inftar omnis aliûs victûs.* Quand cette Biere eft nouvellement cuite, plufieurs
y jettent des rameaux de boulleau pour
qu'elle contracte tant foit peu d'aigreur
& foit bientôt en état d'eftre buë, les habitans du Nord d'Angleterre jettent dans
leurs tonneaux du lierre terreftre, & par
ce moyen cette boiffon fe dépure dans
l'efpace d'un jour & d'une nuit.

Voila ce que nous apprend Mundius
Medecin de Londres de cette Biere particuliere qui fe fait avec l'orge, fans
fleurs de houblon, *Aliifve analogis,* ou
autres & femblables amers.

La ptifanne inventée bien du têms a-
vant Hippocrate, auroit pû encore inftruire
l'anonime fur cette matiere; cette ptifanne
étoit proprement un boüillon de farine
d'orge mondé: voila la maniere que l'on
s'y prenoit. Aprés avoir fait tremper l'orge
jufqu'à ce qu'il enflât, on le faifoit fecher

au foleil, on le battoit enfuite pour en ôter
l'écorce, on le faifoit moudre, l'on cuifoit
dans l'eau long-têms cette farine que l'on
expofoit derechef au foleil pour la fécher;
& c'eft de cette farine ainfi préparée,
comme l'on fait aujourd'huy avec le gruau,
que les plus anciens Medecins apprêtoient
leur ptifanne ordinaire.

Les mêmes anciens avoient un autre
nourriture qu'ils appelloient *Polenta*, qu'ils
preparoient avec la farine d'orge qu'ils
avoient eu foin de frire avant le faire
moudre, un boüillon de cette farine &
de toute autre eft une Biere commencée,
à qui il ne manque qu'une cuiffon fuffi-
fante & l'affaifonnement qu'ils ne pou-
voient ignorer.

En effet, avant Diofcoride qui eft le
premier Medecin que nous connoiffons
qui s'eft declaré contre la Biere, l'on pré-
paroit les vins d'abfinthe, de Camedris,
d'hiffope, de bayes de genievre, de ma-
rube, de fauge & de bien d'autres herbes
ameres & aromatiques, autant capables
de conferver la Biere, & de luy donner
plus de force, que les fleurs de houblon,
que l'on préfere non feulement à caufe
qu'elles communiquent à la Biere une
faveur moins rebutante, mais auffi parce

que cette plante balfamique & toute hui-
leufe eft d'une culture trés-aifée & d'une
moiffon trés abondante dans ces climats.

Plus les Bieres font de durée fans s'aigrir, plus elles font parfaites, c'eft á quoy
aboutiffent les divers ingrediens que l'on
y fait boüillir, pendant & fur la fin de leur
cuiffon; elles étoient telles du temps de
Diofcoride, vû qu'il fût au plus contem-
porain de Pline, au temps duquel les
Bieres fe confervoient bien du temps, avant
contracter ce vice. Ce fçavant natura-
lifte n'en parle pas mal autrement, quelles
font l'invention d'une induftrie vicieufe,
par laquelle on a trouvé le moyen de communiquer à l'eau la vertu d'enivrer, *O
mira* (s'écrie-t'il) *vitiorum folertia, in-
ventum eft quemadmodum Aqua inebria-
ret !*

Tout le monde fçait que la Biere enivre; mais tous ne conviennent point a-
vec l'Anonime qu'elle enivre plus dan-
gereufement que le vin: la liberté avec
laquelle les habitans du Nord boivent la
forte Biere, la fobrieté avec laquelle les
habitans des terres fçituées vers le Midy
font obligez de boire leur vin rarement
pur, prouvent qu'un excés de vin eft plus
dangereux qu'un excés de Bieres, *Toutes*

groſſieres, viſqueuſes & plus dificiles à digerer que puiſſent paroître à l'anonime les parties qui la compoſent, où il faut qu'il avoüe que les vins d'Italie & les eaux de vie enivrent moins dangereuſement par exemple que les vins de Laon.

L'yvreſſe que cauſe le vin eſt ſuivie de ſoif, de chaleur, de maux de teſte, d'inquietudes & d'inſomnies; celle que cauſe la Biere eſt ſuivie le plus ſouvent d'un ſommeil profond & tranquile, aprés lequel le corps ſe trouve déchargé de cette boiſſon ſuperfluë, ſans laiſſer cette impreſſion d'ardeur & de feu que laiſſe celle du vin; tellement qu'une débauche groſſiere en vin eſt toûjours plus dangereuſe qu'un ſemblable excés en Biere; pour le dire en un mot, le vin enivre en deſſechant, & la Biere en humeċtant; l'excés de ces deux boiſſons, eſt plus ou moins dangereux, ſuivant que l'on y eſt plus ou moins accoûtumé.

Plus une boiſſon eſt ſpiritueuſe, plus elle deſſeche, durcit les ſolides, plus elle diſpoſe le ſang à la coagulation & augmente les reſiſtances à la circulation des humeurs: l'abus donc de ſemblables boiſſons ne peut que ſenſiblement abreger la vie & cauſer des morts prematurées,

L'eau de vie, par exemple, qui n'eſt qu'un vin dépoüillé de ſon phlegme, & qui par ſes funeſtes effets eſt veritablement une eau de mort, en eſt une preuve que l'on ne peut conteſter.

C'eſt le propre des boiſſons fortes & fermentées, de donner par la diſtillation, un eſprit analogue à l'eau de vie, celles dans leſquelles l'on a ſçû y meſler dequoy moderer ſon action ſont les plus ſalutaires. La gelée de quelques pieds de veaux ou de bœufs dont ſe trouvent legerement empreintes les Bieres de Valenciennes, ne produit point ſeulement ce bon effet, mais auſſi celuy de concourrir à la conſervation de cette même boiſſon.

Il eſt avoüé dans l'avis donné en faveur des Braſſeurs, que les decoctions de viandes ſe corrompent & s'aigriſſent en trés-peu de têms, principalement en Eté. *Cette Biére donc*, concluë l'anonime, *ſera ſujette à cette corruption*. C'eſt une autre verité que les infuſions & decoctions des fleurs de houblon ſe corrompent & s'alkaliſent en trés-peu de têms, principalement en Eté : cependant les Bieres bien houblonnées ne ſont point ſujettes à cette ſorte de corruption. La ſolution de cette difficulté ſervira de réponſe à la premiere, quoy que touchée cy-deſſus.

Il eſt connu de tout le monde, que les fleurs de houblon empêchent la Biere de s'aigrir, la Biere eſt une decoction & infuſion de matieres differentes ſujettes à des corruptions oppoſées, & qui par ce moyen ſe conſerve. Pourquoy donc les fleurs de houblon n'empêcheroient-elles point la decoction de la farine du maſt, avec quelques pieds de bœufs ou de veaux de s'aigrir & de ſe corrompre? quand bien même la decoction des viandes s'aigriroit & ſe corromproit en très-peu de têms & en toute ſaiſon.

En ſpecifiant la corruption à laquelle les décoctions des viandes ſont ſujettes, l'on s'eſt ſervi du terme *s'aigrir*, dont ſe ſert le vulgaire & a qui, la corruption alkaline eſt inconnuë; cette corruption eſt propre aux viandes & à leurs décoctions; l'anonime pouvoit contredire cette expreſſion avec fondement, en prouvant que les pieds de veaux ou de bœufs concourent avec les fleurs de houblon à la conſervation & perfection des Bieres.

Dioſcoride, dont nous avons parlé cy-deſſus, fait mention de deux ſortes de Bieres, du *Zythum* & du *Curmi*, il dit, que ces deux boiſſons ſe faiſoient avec l'orge ſans declarer ce qui les diſtinguoit:

elles differoient donc, ou par la maniere de
fecher ce grain, ou par leurs affaifon-
nemens ; il les condamnoit toutes deux
comme capables d'engendrer un mauvais
fuc, il accufe le *Curmi* dont on fe fervoit,
(comme il l'avouë,) à la place du vin,
de donner des maux de tefte & de nuire
aux nerfs ; mais y a-t'il abus qui ait caufé
plus de ces maux que celuy de boire le
vin pur? Il n'eft pas plus favorable au *Zy-*
thum qu'il avouë pouffer par les urines,
il le charge d'offenfer les membranes, principalement du cerveau ; c'eft encore le
propre du vin pur de porter à la tefte.
Le *Zythum* fuivant cet ancien Medecin
caufe des gonflemens, reproche qu'il fait
auffi au vin nouveau, qu'il dit de plus être
de difficile digeftion. Quant à la Lepre
tout le monde fçait que c'étoit une maladie contagieufe qui provenoit & pro-
vient bien d'autres caufes que de cette
boiffon.

Les Allemands ont efté les premiers
qui ont ajoûté les fleurs de houblon à la
Biere des anciens Egyptiens, il paroît
même qu'ils y ajoûtent aujourd'huy encore d'autres ingrediens, & qu'ils prepa-
rent leurs Bieres de diverfes manieres ;
car d'où leurs viendroit cette grande

difference de couleur, de saveur & de
force, si elles ne se faisoient toutes qu'a-
vec l'orge & les fleurs de houblon? quelle
occasion auroient ces peuples de contester sur la bonté & l'excellence de leurs
Bieres, si l'art n'y avoit point plus de part
que l'eau & le climat? d'où leur vien-
droient enfin tant de noms differents?

QualeZithum, nemo est qui nescit, ZERBST Aministrat·
  LIPSIA dat *Rastrum*, dat WITTEBERGA *Cucuk*,
Puff. habet HALLA suum, sed tellus WESPHALA *Keuthum*
  BARDIACAque venit *clarus* ab urbe *liquor*
Oppugnare potens *Cnesenakum* colla genuque
  GUSTROVII coquitur.   Qui cupit usque bibat.
Unum præ reliquis, quod *Vita Balsamus audit*,
  Et sapit & sanum est, ROSTOCHIENSE Zithum.

Ce titre de preference ne peut aussi se
refuser à la Biere de Valenciennes, puis-
qu'elle est plus delicieuse qu'aucune des
Bieres des Villes voisines; qualité, que
l'anonime n'a osé contester, quoyque
marquée en termes formels dans l'avis
donné en faveur des Brasseurs. C'est une
verité passée en proverbe: *Quæ sapiunt
facilè digeruntur*; que ce qui goute se
digere aisement, ce qui se digere aisement passe & se vuide de même, laisse
moins de suc superflus, ce qui a fait conclure que cette Biere estant plus coulante,
qu'elle est aussi plus salutaire.

Eſt Valencenis dulce ſalubre Zythum.

„ Peut-on croire cela, s'écrie l'anoni-
„ me, d'une Biere chargée de parties
„ gluantes & viſqueuſes, des pieds de
„ veaux & de bœufs?

Oüy ſans doute, ces extremités toutes
compoſées qu'elles ſont de peaux, de
membranes, de ligamens, de tendons,
de nerfs &c. ne different du ſuc nourricier de qui elles tiennent leur ſubſtance,
& qui les nourriſſoit, que par une modi-
fication diverſe de repos, de figure &
de coheſion; ces parties par la coction
s'amoliſſent & ſe fondent enfin en cette
lymphe ſubtile qui les formoit, & qui de-
layée dans la Biere la rend & plus humec-
tante & plus rafraichiſſante.

Cette Lymphe nourriciere confonduë
dans le ſang dont elle eſt la partie principale, indifferente encore à être em-
ployee à l'entretient du palais, de la
langue ou des pieds ; ne peut être con-
ſiderée comme *Limoneuſe, Terreſtre,
Peſante & Groſſiere* ; Veu qu'avant pouvoir nourrir ces parties, elle doit avoir
acquis ces degrez d'affinage & de ductilité
qui luy ſont neceſſaires pour circuler à

travers les vaiſſeaux les plus retréçis de
cet animal vivant.

C'eſt donc ſans fondement que l'anonime ſoûtient, „ Qu'il eſt inconteſtable
„ que la Biere chargée des parties glai-
„ reuſes des pieds de bœufs & de veaux
„ eſt épaiſſe, groſſiere, tardive à ſe cla-
„ rifier, par conſequent difficile à dige-
„ rer & contraire à l'eſtomac.

Encore une fois ces Bieres ne peuvent être jugées chargées des parties
glaireuſes de ces extremités, veu que ces
parties ne ſont telles qu'autant qu'elles
ſont unies & adherantes les unes aux
autres, maniere d'être & de ſubſtance
qui ne ſe rencontre plus aprés la coction
de la Biere.

Il n'eſt donc point „ Inconteſtable que
„ ces Bieres ne produiſent qu'un chile
„ crud, indigeſte, groſſier, & un ſang
„ gluant, viſqueux, tenace.

En effet, quel aliment, quel chile, quel
ſang peut-on eſperer d'un pied de bœuf
boüilli dans deux mille cent quatre pintes
d'eau meſure de Paris qui reduites à ſept
cens ſoixante-huit pintes de même meſure,
font la quantité que contiennent ſix tonneaux de Biere meſure de Valenciennes.

Suppoſons que les Braſſeurs de Valenciennes, au lieu de cinq ou de huit pieds de bœufs qu'ils font accoûtumez de mettre pour un Braſſin de trente tonnes de Biere, en mettent quinze, ce ſera la gelée d'un pied de bœuf pour la valeur de cent vingt-huit pots de Biere qui font deux cens cinquante-ſix pintes , toûjours meſure de Paris ; Aprés cela , que l'on ſuppoſe les pieds de bœufs un aliment auſſi groſſier & auſſi peſant qu'il plaira à l'anonime ; cette grande quantité d'eau & cette longue cuiſſon les mettront toûjours au-deſſus de ſemblables reproches.

Mais il n'en eſt pas ainſi. Hippocrate, qui ne peut être un Juge ſuſpect de la preſente réponſe , met les pieds des animaux quadrupes entre les aliments trés-legers... *Leviſſimæ vero carnium partes ...pectines Pedes* ... Celſe entre les aliments de bon ſuc & amis de l'eſtomac , compte toutes les chairs viſqueuſes *omnis glutinoſa* ... Sans en excepter les extremités des membres des animaux.. *Trunculique*.. Enfin les boüillons de jarets de bœufs ou de veaux qui ſe glacent , ſucculents & nourriſſants comme ils font & dont l'on mange les chairs viſqueuſes & gluantes , ſans en reſſentir aucune incommodité ; auroient bien dû convaincre l'anonime du peu de fondement de toutes ſes objections.

C'eſt en vain qu'il en appelle icy au témoignage de tout le monde qui ſçait, comme il dit „ Que les pieds de veaux, que les
„ pieds de bœufs rendent un glu & font
„ un boüillon qui eſt une eſpece de colle,
„ & que l'on ſe ſert même des pieds de
„ bœufs pour faire la colle forte.

L'anonime auroit écrit en Medecin,
s'il avoit dit, que ces extremités font un
boüillon qui eſt une gelée plus facile à
digerer que leur chair, que l'on ſert les
pieds de veaux ſur les meilleures tables,
& qu'un pied de bœuf boüilli dans 384.
pintes d'eau meſure de Paris, reduites à
128. ne donne ny gelée, ny glu, ny colle.

Pour conſommer un tonneau de cette
Biere, un homme employera 64. jours
s'il n'en boit tous les jours qu'un pot. Il
employera 32. jours, s'il en boit tous les
jours deux. La doſe eſt un peu forte.
C'eſt ſuppoſition, *Quelles crudités, quelles
glaires, quelles colles peut engendrer?* Le
boüillon d'un pied de bœuf, ſi l'on veut
dans une telle eſpace de têms, pour pouvoir aſſeurer „ que cette Bierre par ſes
„ viſcoſités embaraſſe les parties ſolides,
„ rend les fibres roides & inflexibles, &
„ empêche la filtration des liqueurs en
„ bouchant les pores des couloirs, par

où elles se doivent filtrer.

La legere viscosité dont peut être douée cette Biere, & qui effraye tant l'anonime, est cependant ce qui la rend preferable à celle qui seroit seulement houblonnée. Hippocrate préfere la ptisanne dans les maladies aiguës à l'*Alica*, qui est une autre decoction de la farine de froment préparée, à cause que la ptisanne a une viscosité legere & agréable, qui passe aisement, délivre de la soif, & humecte moderement.

La decoction d'Orge mondé dont l'usage est si heureux dans toutes les maladies inflammatoires, est sensiblement visqueuse.

Galien ajoutoit à la ptisanne d'Hippocrate des pieds de cochons de laict pour la rendre meilleure & plus utile à ses febricitants.

Alfaharavius Medecin Arabe conseille aux vieillards l'usage de la Biere faite avec des poissons & des figues. *Cervisia facta ex piscibus & ficubus*, tant une boisson un peu visqueuse previent la secheresse, & est propre à prolonger la vie.

Avoüons par complaisance que toutes les extremités des animaux quadrupes a-

vancés en âge font naturellement diffi-
ciles à digerer, il n'en feroit pas pour cela
de même de leur boüillon , qui pour
nourrir promptement paffe aifement, fuivant cette maxime d'Hippocrate *Confer-
tim & celeriter nutrientium celeres etiam
excretiones fiunt.*

Les os, fans contredit, font plus groffiers & plus pefants que le refte des parties
qui compofent ces extremités ; cependant
on s'en fert aujourd'huy parmi les alimens :
l'on a trouvé la maniere d'en tirer une
gelée fort nourriffante & qui paffe aifement. Aprés cela peut-on fe recrier avec
raifon contre la gelée que peuvent donner
ces extremités , jufqu'à avancer que la
Biere de Valenciennes *feroit également
contraire aux ouvriers, s'ils en faifoient
leur boiffon ordinaire ?*

L'anonime dans toute fa lettre n'a fait
que fuppofer ce qu'il devoit prouver, que
les pieds de bœufs fontun *aliment groffier
& pefant* ; mais qui peut ignorer,
que les decoctions des alimens les
plus forts, boüillis dans beaucoup d'eau,
font à la portée des malades les plus foibles?

Le Createur, en permettant aux hom-

mes aprés le deluge, l'ufage des chairs des
animaux,, y mit cette referve *Excepto
quod carnem cum fanguine non comedetis.*
A condition qu'ils n'en mangeroient point
le fang : preference qu'il donne aux aliments tirés des extremités des animaux
en qui abonde la lymphe nourriciere, fur
leur chair, en qui domine le fang.

Autant que le fuc nourricier de ces
extremités s'en fepare aifement pendant
la digeftion, autant s'en laifle-t'il difficilement extraire des chairs des animaux,
enfoncé qu'il fe trouve dans leur fubftance,
& confondu dans la partie rouge du fang,
dont toutes les vrayes chairs font remplies,
& d'où l'eftomac ne le dégage que par
un plus long travail.

Des efprits peu Phyficiens, plus occu-
pés de la faveur des aliments, que de leurs
bons effets, prevenus comme ils font, que
les nourritures fucculentes & d'un goût
relevé font plus propres à la fanté, &
plus capables de prolonger la vie, penfe-
ront autrement que nous: mais les mieux
inftruits, convaincus comme ils font, que
ceux qui ufent d'aliments les plus vils &
moins favoureux, font plus fains & plus
robuftes, foutiendront toûjours aprés
Hippocrate, que ces extremités font d'une

nourriture très-legere, plûtôt inferieure
que superieure aux besoins d'un homme
de peine & de travail.

Confirmons ces propositions par l'observation même de l'anonime, Lors, *dit-il*,
„ Que dans quelque maladie, l'on est obli-
„ gé d'épaissir le sang d'un malade, on luy
„ fait prendre pour nourriture ces sortes
„ d'aliments ; & l'experience nous a appris
„ que leur usage rend le sang plus fibreux,
„ plus épais, plus pesant à circuler, & en
„ corrige la trop grande dissolution.

Qu'ainsi soit, la Biere de Valenciennes
se trouvera disculpée de causer tous les
maux dont on l'accusoit, le sang se trouve
trés-dense, lent & doux dans les hommes
les plus robustes & exercés ; ceux qui sont
foibles & d'un temperanment delicat,
l'ont dissous, leger & acre. Si la nourriture tirée de ces extremités convient à
ces derniers *Pour corriger la trop grande
dissolution de leur sang* ; conformément à
l'experience dont se louë l'anonime, elle
conviendra aussi sans doute aux premiers
pour conserver leur force, *Ad robur op-
tima sunt*, dit Hippocrate, *quæ sanguinem
crassefaciunt.*

Malgré cet aveu sincere, mais échapé
à nôtre auteur dont il n'a point prevû ny
senti

fenti les confequences, fuppofant toûjours ce qu'il devoit prouver, que cette
Biere caufe un *Sang groffier, vifqueux &*
gluant, prenant l'effet pour la fource &
l'origine de la plufpart des maladies, demande: *Si nous ne voyons pas tous les jours*
la vifcofité du fang empêcher les fecre-
tions.

Ne luy en déplaife, c'eft le deffaut des
fecretions qui caufe la plufpart des vices
du fang ; verité que nous allons prouver
par le détail Phifiologique fuivant.

L'œconomie animale confifte dans les
évacuations faites en temps & lieux, c'eft
un renouvellement continuel ; la fanté
ne fubfifte qu'autant que le fuc nourricier des aliments que nous prenons, re-
pare les pertes que nous faifons ; l'on fent
les premieres annonces des maladies, fi
le corps ne s'en décharge chaque jour,
un fang furabondant, une lymphe trop
nourrie par la varieté & l'abondance des
viandes, aufquelles l'on joint bien fouvent
l'ufage des boiffons vineufes , n'eft pas
propre pour cet effet, fon volume n'eft
pas proportionné à la capacité des vaif-
feaux de qui ce fang tient fon mouve-
ment & fa diftribution', les arteres fan-
guines & lymphatiques trop dilatées &

comblées preſſent les mêmes veines; le retour du ſang vers le cœur eſt gené, la circulation embarraſſée, les ſecretions perverties, les évacuations ſenſibles augmentées, l'inſenſible qui eſt la principale diminuée, l'on crache, l'on mouche tant la nature fait d'efforts, pour ſe debaraſſer de ces ſucs ſuperflus; l'on ſe ſent lourd, peſant, impuiſſant au travail, la moindre chaleur inquiete, tant le cœur trouve de reſiſtance à pouſſer ce ſang rarefié, qui retardé dans ſon cours ſe trouve entre-deux puiſſances, celle du cœur dont l'impulſion redoublée le chaſſe en avant, & la contraction des arteres qui le preſſent par les côtés. Que deviendra donc cette lymphe nourriciere ainſi preſſée de toutes parts, ſi elle ne rencontre que des iſſuës fermées, (ce qui arrive dans les grandes maladies,) elle ſe colera & ſe durcira, au point de donner par la ſaignée ce ſuc blanc, gluant, coënneux, que noſtre anonime appelle *Viſcoſité du ſang*, qui ſe trouve l'effet, & non la cauſe du deffaut des ſecretions.

Dés le premier commencement des maladies inflammatoires, le ſang que l'on tire par la ſaignée eſt bien ſouvent beau, vermeil, ſemblable au ſang le plus ſain,

bien different de celuy que l'on tire plus
tard; qui eft veritablement pleuretique,
phlegmoneux & enflâmé.

Un ouvrier qui ne boit que de l'eau,
qui fuivant l'anonime eft *le veritable correctif* des Bieres de Valenciennes, aprés
un exercice fatiguant, s'expofe imprudem-
ment à un air trop froid , & boit de ce
prétendu correctif pour fe rafraichir, la
fievre furvient, on le faigne, fon fang fe
trouve auffi coënneux; l'anonime pour-
roit-t'il foûtenir que ce vice eft la caufe
& non l'effet d'une tranfpiration diminuée.

Les aliments trop vifqueux occafion-
nent bien d'autres maladies, que celles
dont on vient de parler; ceux qui en
ufent trop long temps, perdent infenfiblement l'apetit, fe fentent à la fin toûjours
remplis, ils ont des naufées & fouvent ils
vomiffent; ils ont le ventre pareffeux,
dur & gonflé , ils font pâles & fans
vigueur ; ils ont ces maladies que l'on
dit ordinairement *froides* ; qui pour leur
guerifon demandent les aliments bien
affaifonnés, le mouvement & l'exercice.

C'eft le propre des boiffons fermentées, d'agiter les parties folides , & de les
fortifier, d'aider aux digeftions & favo-

rifer la tranfpiration, [comme on l'a
dit cy-deffus;] c'eft donc le propre des
Bieres de Valenciennes de prevenir les
maladies dont on vient de parler, qui
paroîtroient au moins quelques fois, fi
ceux *qui ufent d'aliments groffiers, maf-
fifs & terreftres*, buvoient auffi rarement de cette Biere qu'on l'a avancé.

Les Simptomes des maladies , que
l'on attribue ordinairement aux glaires,
ne font le plus fouvent, que des fignaux
de repletion , d'ardeur & de feu,
comme on l'a remarqué dans l'avis que
noftre Auteur contredit , il y eft dit,
*Les corps fecs & échauffés font plus de
ferofités que les autres, le trop frequent
ufage du Vin eft la caufe la plus frequente
des maux d'eftomac, des crudités & des
glaires; & la Biere de laquelle il s'agît
les guerit*; à fçavoir, en humeƈtant l'eftomac bien mieux que les Bieres fimple-
ment houblonnées.

Parlons de bonne foy, il en eft des
boiffons comme des autres aliments, qui,
fuivant Hippocrate, ont tous dequoy pro-
fiter & dequoy nuire, *Omnia edulia ha-
bent id quo lædunt & id quo profunt.*
Les fleurs de houblon font fujettes aux
mêmes inconveniens & expofées aux

mêmes reproches que le reſte des amers,
& cette douce gelée, dont les Bieres
de Valenciennes ſont empreintes, leurs
ſert de correctif.

L'AVIS donné en faveur des Braſſeurs ſe trouvant ſuffiſamment prouvé,
il reſte à examiner ce que dit encore ce
Medecin à l'occaſion de la chaux.

„ C'eſt pour ſuppléer, *dit-il*, au def-
„ faut du grain, que les Braſſeurs jettent
„ dans leur chaudiere de la chaux vive,
„ où elle fond & boüe avec les premie-
„ res préparations de la Biere, & ils y en
„ jettent une ſi grande quantité, que
„ pour en temperer l'acrimonie, ils ſont
„ obligez d'y mêler dans le temps qu'ils
„ jugent convenable, des pieds de bœufs
„ & de veaux, qu'ils ſont boüillir avec
„ la Biere dans un reſeau pour en retirer
„ à la fin les oſſemens.

Rien ne dégraiſſe la Biere comme la
chaux; comment donc peut-on préten-
dre que ce ſoit pour ſuppléer au deffaut
du grain, qu'on la feroit boüillir en
auſſi grande quantité, qu'elle pourroit
communiquer quelque acrimonie. D'ailleurs les ſacs des braſſeurs ſont d'un
nombre déterminé pour chaque braſſin,
& d'une capacité limitée ; quel défaut de
grain y a-t'il encore à craindre? L'on braſſe

dans les Communautés de Valenciennes &
de ses environs; L'anonime voudroit-il
soûtenir que les pieds de bœufs, que l'on
y jette, serviroient à temperer l'acrimonie
d'une chaux que l'on n'y met point? Ces
Bieres cependant se clarifient & sont de-
licieuses. Comment donc a-t'il encore pû
hazarder cette proposition, que ces Bieres
„ ne se clarifieroient jamais que par cor-
„ ruption, si quelques principes de la
„ chaux qu'on a fait entrer dans leur
„ composition, ne s'y rencontroient point?

Tout le monde sçait que la chaux est
un poison, & il étoit inutile d'en dire davantage. Car à quoy peut servir l'étalage
des maux qu'elle peut causer, sinon à
prouver ce qui se trouve incontesté?

Quoy que la chaux soit un poison, elle
rend les vins blancs d'Allemagne & plus
savoureux & plus diuretiques : *Liberalis
potio vini albi Germanici, calce & sulphure
saporati, precipitem facit urinam,* Duret.

Les vignerons couvrent leurs raisins de
chaux détrempée pour détourner les pas-
sans de les cüeillir. Le sel des cendres de
sarment, ou même leur lessive conserve
le vin ; enfin la chaux que l'on met dans
la cuve dans bien des endroits, avant
fouler le raisin, & en presser le vin, le
rend plus friand, & l'empêche de tourner.

La chaux vive elt un poifon ; mais il n'en elt point de même de lon eau , elle elt d'un fecours trés-prompt dans les maladies, où un acide vicieux jette tout dans l'inaction, elle corrige la *faumure* de nos humeurs ; enfin elle empêche la Biere de s'aigrir.

Ce n'elt point que l'eau de chaux ne feroit trés-nuifible, & même un poifon affez prompt aux temperamens fecs & échauffés, & dans toutes les maladies accompagnées de corruption alkaline ; mais c'elt que l'énorme difparité qui fe trouve entre cette eau & la Biere de Valenciennes, montre le peu de fondement de tous les reproches dont nôtre cenfeur tâche de l'accabler.

En effet, l'eau de chaux fe fait dans une proportion de huit à un ; c'elt-à-dire que l'on n'employe que fept à huit livres d'eau boüillante, pour éteindre une livre de chaux.

Nos Braffeurs peut-être jettent quatre ou cinq morceaux de chaux, dans cinq mille fept cens foixante pots d'eau, qu'ils continuent de faire boüillir jufqu'à la diminution des deux tiers.

Suppofons (contre toute verité) qu'ils en jettent dix livres , ce feront à la verité dix livres de chaux ; mais tuées

& noyées dans cette prodigieufe quantité d'eau, dont nous venons de parler , qui reduite à la quantité marquée, eſt en proportion d'une livre de chaux employée, pour perfectionner trois tonnes de Biere.

Encore quel malheur a donc vû arriver ce Medecin de l'uſage des Bieres de Valenciennes, pour ſe recrier comme il fait? Le peuple de cette Ville eſt-il moins vigoureux , plus maladif, d'une vie plus courte que les habitants des Villes & Provinces voiſines? Qu'il avouë donc, que bien loin que cette chaux deteriore les Bieres de Valenciennes, qu'elle les rend plus diuretiques & plus parfaites.

Que cela ne le ſurprenne point , il eſt convenu entre les Medecins, que les boiſſons qui ont de l'action , comme celles qui ont des Alkalis, font tranſpirer davantage, les Bieres dont le grain au lieu d'être braiſé , a été coulé à roye, c'eſt-à-dire ſeché ſans le ſecours du feu, paſſent moins aiſement, & bien loin d'avoir été plus ſalutaires, elles ſont tombées dans l'oubly & dans le mépris, à cauſe qu'elles expoſoient à plus d'embarras dans les Capillaires.

Il n'y a rien de juſte dans toutes les preuves de nôtre Cenſeur,, La chaux, „ dit-il, eſt acre, mordicante & corroſive,

„ donc les Bieres dans lesquelles, en les
„ travaillant, on met de la chaux, irritent,
„ enflamment, brûlent les parties.

„ Si l'on jette de la chaux, dit-il encore,
„ dans une urine recente, au même inf-
„ tant, il s'éleve une vapeur qui frappe
„ violemment le nez d'une maniere qui
„ femble être un coup de feu.

Quand cela feroit, que pourroit-on
conclure? L'anonime parle icy aprés un
Auteur qu'il n'a pas bien examiné; Ce
Profeffeur en chimie, dit, Que l'urine
recente diftilée avec de la chaux vive,
donne un efprit de feu. Operation bien
differente de la fienne, dont les effais
réïterés dans nos mains, nous ont toûjours convaincus du contraire.

C'eft une même erreur, d'attribuer les
mauvaifes qualités de la chaux vive, à l'eau
de chaux, & de craindre de l'ufage des
Bieres de Valenciennes, les maux que
cette eau pourroit caufer.

Cette eau n'eft point corrofive de foy-
même, fi l'on mêle l'eau de chaux la plus
forte avec une urine épaiffie, il ne furvient
ny ébulition, ny chaleur, & ce mélange
n'exhale aucune vapeur.

C'eft donc en vain qu'il craint que les
Bieres de Valenciennes n'engendrent *des*

esprits de feu pareils à ceux qui exhalent du mélange que cite encore cet Auteur ; pour que cette operation réüssisse, il faut necessairement de la chaux vive & de l'urine épaissie, il ne trouvera point la premiere dans les Bieres de Valenciennes, ny la seconde dans nos corps.

La serosité du sang n'a point l'odeur, la couleur ny la saveur de l'urine. Comment pourra-t'elle luy être *analogue?* on la confond ordinairement avec la lymphe ou la partie blanche du sang, qui est cette rosée nourriciere où aboutissent & se terminent toutes les digestions. Les Medecins la comparent au blanc d'œuf, & luy accordent les mêmes usages.

Que cette serosité ne soit, si l'on veut, qu'une eau qui sert de vehicule au sang, elle ne sera telle par raport à l'urine qu'aprés avoir rendu ce bon office au chyle, à la lymphe & aux autres humeurs. Pour lors cette eau insipide se charge des heterogeneités, qui resultent des coctions, & n'a aucune saveur, que filtrée & reçûë dans des vaisseaux excretoirs qui ne renvoyent plus au cœur.

Si l'on fait épaissir l'urine, cette eau insipide s'evapore, son sel & son huile s'alkalisent, elle devient rouge, puante,

d'une odeur & d'un goût de feu intolerable ; cette urine épaillie eſt une chaux li-
quide, qui diſtilée ou même mêlée avec
la chaux vive, donne un eſprit des plus
acres & des plus cauſtiques. Si cette operation de chimie, dont il ne ſe fait rien d'apro-
chant dans nos corps, fait peur à l'anonime,
l'obſervation ſuivante pourra le raſſeurer.

Si l'on verſe de l'eau ſur cette urine,
ſuivant la quantité d'eau qu'on y verſera,
cette urine reprendra la couleur, l'odeur
& la ſaveur qu'elle avoit auparavant ; ſi l'on
y verſe de la Biere de Valenciennes, elle
perd ce goût de feu intolerable, dont nous
venons de parler; tellement que tous les
argumens de nôtre Cenſeur ne deviennent
à la fin que des veritables Sophiſmes, plus
propres à ſurprendre & intimider, qu'à
inſtruire.

Que la vapeur de la chaux ſoit encore
pernicieuſe à la poitrine, c'eſt ce qu'un
chacun experimente tous les jours : Le
celebre Profeſſeur de l'Ecole de Padoüe,
dans le ſçavant traité qu'il nous a laiſſé des
maladies des artiſants, a obſervé que la plus
part des maçons deviennent à la fin aſth-
matiques & cacheĉtiques. Nôtre Cenſeur,
qui depuis qu'il eſt Medecin a toûjours
vecu à Valenciennes; aſſeure „ Que les

» exhalaifons de la chaux fe repandant
» fur les vignes, impriment aux raifins
» leurs vices & leurs mauvaifes qualités
» qui paffent jufqu'au vin. Il faut fe garder,
» dit-il, de boire un peu largement de
» ces vins qui viennent des endroits d'où
» la chaux vient, à caufe, felon luy, que
» l'ufage de ces vins ne caufe pas feule-
» ment les maladies que cauferoit la va-
» peur & l'odeur forte de la chaux que
» l'on auroit refpiré, mais auffi des fié-
» vres ardentes, des contractions de nerfs
» & des paralifies.

Bien des remedes ont des fuccés op-
pofés dans des climats differents, c'eft
l'obfervation de M. Boerhaave à l'occafion de l'eau de chaux, qui guerit les maladies lentes dans les pays feptentrionnaux,
où la Biere eft la boiffon ordinaire, &
dont les mêmes effais ont été trés-mal-
heureux en France.

Auffi les Artifants de ces Provinces,
(qui par leur travail journalier) font les
plus expofés à refpirer les vapeurs de la
chaux, font moins attaqués d'afthme & de
cachexie, que ceux des pays meridionaux.

Les vapeurs qu'exhale la chaux que l'on
éteint, s'élevent & fe diffipent en l'air,
celles que l'on obferve dans les endroits

d'où la chaux vient, font la fumée du charbon & l'exhalaison de l'humidité de la pierre que l'on calcine. Ces exhalaisons, ces vapeurs a peu de diſtance n'incommodent pas les paſſants ; quel vice donc peuvent elles imprimer ſur les vignes & ſur les raiſins qui puiſſent paſſer juſqu'au vin?

Dolæus deffend aux gouteux l'uſage de la Biere qui ne ſera pas bien cuite & faite avec une eau remplie de beaucoup de chaux, telle qu'eſt celle de Keſſel, *Omnis cerviſia*, dit-il, *male coéta & ex aquâ multâ calce refertâ, ut noſtra caſſellana maximè nocet.* Propoſition qu'il repete dans le chapitre des maladies des reins & de la veſſie, *Nocet maximè cerviſia novella in primis ex quâ multum calce repleta coéta.*

Il paroit de la maniere que ce Medecin s'exprime , qu'il eſt d'uſage dans le Landgraviat de Heſſe d'uſer de la chaux, même en aſſez grande quantité, & qu'on la fait boüillir dans l'eau avant en detremper le maſt: Ce Medecin n'exagere rien, il ne dit point „ qu'elles irritent, enfla-„ ment, brûlent les parties ; Cela ſe trouveroit faux, il les accuſe ſeulement de groſſiereté, d'être mal cuites, de nuire aux gouteux, &c. Où trouve-t'on une boiſſon innocente de toutes parts ? Et combien de ſortes de vin ne leur ſont-ils point auſſi dangereux & plus nuiſibles ?

Suivant M. Willis, l'on corrige les vins mucilagineux avec de la chaux vive; au moyen de laquelle il ſurvient une nouvelle fermentation qui dégage les parties ſubtiles, & facilite la precipitation des plus groſſieres vers le fond du tonneau.

Pour rétablir un vin pouſſé & monté, M. Andry approuve que l'on méle dans le tonneau une livre de plâtre calciné & en poudre, &c. ce qui eſt bien autre choſe, que de faire boüillir un peu de chaux, dans les premieres preparations de la Biere que l'on depure & clarifie à travers le marc de la farine du malt, avant la faire boüillir pour la derniere fois.

M Andry nous dit auſſi, qu'avant faire cuire la Séche & l'aſſaiſonner, qu'on l'attendrit dans l'eau ſalée mêlée de chaux vive, & qu'on la prépare à Lyon avec la cendre gravelée, la chaux vive qui fait ce bon effet que de rendre ce poiſſon & bien d'autres plus faciles à digerer, fait auſſi celuy d'attenuer la Biere, qui de toutes les boiſſons factices eſt la plus nourriſſante & la plus groſſiere, qualités qu'elle tient de la quantité d'orge que

l'on y fait entrer, & non de ſes aſſaiſon-
nements.

C'eſt ſageſſe en Medecine de joindre
aux boiſſons dequoy prevenir les maladies,
auxquelles elles peuvent diſpoſer : les
Bieres ſimplement houblonnées & dont
le grain a été coulé a roye, s'aigriſſent
plus aiſement dans nos corps & diſpoſent
par conſequent à plus d'infirmités.

Auſſi d'autres Bieres au lieu de s'aigrir
dans nos corps, y corrigent l'acide vicieux qui s'y rencontre ; telle eſt cette
Biere particuliere nommée *Ale* dont nous
avons parlé cy-deſſus & certaines Bieres
de Hollande & de Brunſwick, à qui l'on
attribuë les mêmes proprietés qu'à l'Hy-
dromel & au vin d'Eſpagne.

La difference des Bieres eſt preſque in-
finie, elles different principalement ſuivant la difference des ingrediens que l'on
y employe ; celles dans leſquelles dès le
commencement de leur cuiſſon, l'on jette
un peu de chaux vive, ſont plus agréables
au goût & à la vûë, & ont plus de raport
avec le vin rouge, dont le propre eſt de
fortifier l'eſtomac & de paſſer plus aiſement par l'inſenſible tranſpiration.

Le ſucre n'eſt autre choſe que le ſuc des
Cannameles purifié de plus en plus avec

l'eau de chaux & les blancs d'œufs, l'eau de chaux divife & attenuë les vifcofités de ce fuc & les blancs d'œufs l'abforbent; la chaux que l'on fait boüillir dès le commencement de la coction des Bieres, attenuë les vifcofités de la farine du malt & la gélée de quelques pieds de bœufs l'abforbe.

Suivant M. Andry, le fucre Royal eft le meilleur, parce qu'on le prépare avec la chaux qui emporte une bonne partie de l'acide corrofif qu'il renferme, fuivant nous, la Biere dont nous venons de parler eft auffi la plus faine, à caufe qu'elle s'aigrit moins dans nos corps, & qu'elle expofe à moins d'embaras dans les vaiffaux capillaires.

En voila bien affez pour ce qui regarde la chaux, nous en aurions pû dire d'avantage; mais cela n'auroit été d'aucune utilité; nous nous fommes feulement propofé de foûtenir nôtre avis, & ce qui eft fuffifamment connu. *Verum his quæ fufficienter cognita funt teftimonium præbere animus eft*, Hippoc. C'eft ce que nous avons fait.

FIN.

CONFIRMATION

de la presente Dissertation.

ICI finissoit la presente Dissertation, quand à la faveur de la nuit, l'on a repandu dans cette ville de Valenciennes un libéle honteux, qui a pour titre EXPOSITION DES MAUVAIS EFFETS DE LA BIERE, PAR SES VERITABLES PRINCIPES.

Dans cette exposition, l'on ne reprend aucun article de nôtre Dissertation : l'on y décrie toute sorte de Biere, même celle qui ne se trouveroit composée qu'avec l'orge & les fleurs de houblon.

L'on penetre assez, quel est le motif de cette conduite ; l'auteur en decriant cette Biere qu'il supose luy-même la meilleure, & qui est veritablement telle dans l'esprit du public, il espere au moins prevenir ses Lecteurs contre celles que Nous avons soutenu.

Quoi qu'il en soit, cet Auteur qui pretendoit faire voir, que cette Biere est contraire à la digestion & à la nutrition, auroit bien dû

A

parler des proprietés de l'orge, qui en eſt la baſe, & de celles des fleurs de houblon qui en ſont l'aſſaiſonnement ; mais c'eſt ce qu'il ne pouvoit faire ſans ſe contredire, ou ſans encore en impoſer.

En effet, cette Biere n'eſt que de l'eau, dans laquelle l'on a fait boüillir la farine la plus pure de l'orge germée & braiſée. Cette decoction ſuivant Hippocrate & Galien, nourrit, rafraichit, humecte, appaiſe la ſoif, n'a rien de viſqueux & de gluant, n'excite aucune flatuoſité, & ne reſſerre point. Le pain d'orge ſuivant Nonnius nourrit peu, paſſe aiſement par les ſelles, & ne fournit aucun ſuc groſſier ou viſqueux. Bien des Medecins ſoutiennent que ce pain, pourvû que l'on n'en mange point d'autre, garantit de la goute.

Quant qu'aux fleurs de houblon, tout le monde ſçait, qu'outre la vertu qu'elles ont de conſerver la Biere, qu'elles la rendent trés-propre, pour prevenir toute épaiſiſſement & toute viſcoſité groſſiere & pituiteuſe du ſang.

La premiere objection de nôtre Expoſiteur, „ c'eſt que la digeſtion demande un délayant „ humide & coulant, *Humiditas alimenti ve-hiculum*, dit-il, aprés Hippocrate. La Biere, „ *ſelon luy*, eſt une boiſſon lente, gluante & „ mucilagineuſe, dont les particules trop é-

,, paiſſes & tardives , gênant la digeſtion ,
,, n'engendrent qu'un chyle crud , conſe-
,, quemment un ſang de même nature,, Voilà
comme l'on ſuppoſe ce qui eſt conteſté, &
que l'on ne ſçauroit prouver. L'on cite
cependant pour garand de cette expoſition
Arnauld de Villeneuve, qui eſt mort au plûtard
dans la treiziéme année du treiziéme ſiecle.

Mais ſi cet ancien Medecin a mal parlé de
la Biere, des Medecins plus modernes &
mieux inſtruits, l'ont ſuffiſamment diſculpé ;
D'ailleurs ce Medecin Italien n'a point connu
la Biere, comme on la travaille aujourd'huy,
& ne condamne que les Bieres groſſieres, *Ce-
revifia enim craſſa* ; telles que ſeroient celles
que l'on compoſeroit avec diverſes ſortes de
grains, qui ne ſeroient pas bien cuites &
ſuffiſamment fermentées ; ou ſi l'on veut, que
l'on braſſeroit en Eſpagne, en Italie, ou dans
d'autres Provinces dont les eaux & le climat
ne ſeroient pas propres à cet effet.

Au ſurplus, il eſt vray que la digeſtion
demande un délayant humide & coulant,
qualité que l'on ne peut diſputer à la Biere;
qui, de plus a encore celles de fortifier l'eſtomac, de nourrir elle-même, & d'attenüer
les alimens auxquels on l'aſſocie.

Pour ſeconde objection, l'on nous dit ,, Si
,, la Biere eſt jeune, elle fait des obſtructions,

„ elle occafionne des embaras dans la rate,
„ dans le mefentere, dans le foye, & elle em-
„ pêche d'uriner.

De deux chofes l'une, ou cette Biere que
l'on dit jeune eft trop jeune & fermente
encore, où elle fe trouve claire, fuffifamment
épurée. Dans le dernier cas, elle n'occafionne & ne caufe aucun des maux que l'on
vient d'accufer : dans l'autre, elle a fes inconveniens, tous autres cependant que ceux
que l'on expofe; en tout cas, c'eft d'attendre
que cette Biere eut bien fermentée. Si après
cela, elle fe trouvoit encore un peu trouble,
comme il y a bien de l'apparence, cette Biere
ne fe clarifiant que fort tard, c'eft de la clari-
fier comme l'on clarifie le vin.

La Biere par la fermentation acquiert une
acrimonie fpiritueufe, qui augmente infenfiblement : cette Biere fi elle eft bien bouchée,
fe conferve un an & demi & plus. Voilà
qu'elle feroit la qualité de cette Biere, fi on
la braffoit telle à Valenciennes : comme cette
faveur vineufe paffe dans l'efprit de nôtre
Expofiteur pour une acidité legere, on l'a-
vertit que cette Biere au lieu d'épaiffir la
lymphe comme il l'accufe, pour la condamner fi elle eft vieille, l'attenüeroit. *Acida fer-*
mentata modo fint diluta, fanguinem non coa-
gulant, fed potiùs diluunt Boerhaave.

S'il eſt vray , *pourſuit nôtre Expoſiteur,,*
,,que la Biere ſe trouve compoſée des pieds
,,de bœufs ou de veaux, ce ſera avec juſte
,,raiſon qu'elle ſera plus condamnable, ſeroit-
,,il croiable, *s'écrie-t'il,* qu'une pareille colle
,, adjoûtée à celle de la Biere, puiſſe ſervir à
,,délayer & à charier les alimens dans les
,, plus petits recoins des vaiſſeaux capillaires,,
Il ſe pare enſuite de l'authorité d'Hippoc.
à qui il fait dire, *Tranſitus alimenti anguſ-*
tiores ſunt.

Pour ne rien confondre , & pour mieux
comprendre cette propoſition d'Hippocrate,
diſtinguons avec luy l'aliment interieur qu'il
appelle dans l'homme *in homine,* d'avec l'aliment exterieur, qu'il appelle hors de l'homme.
Le premier eſt une humeur legere *humor le-*
vis, dont l'humidité eſt le vehicule. *Humi-*
ditas alimenti vehiculum, c'eſt la partie la
plus pure & la plus ſubtile de l'aliment exterieur digeré, qui paſſe dans le ſang par des
vaiſſeaux, dont les orifices nous étant imper-
ceptibles, ne ſont à la verité que des paſſages
trés-étroits, *Tranſitus anguſtiores.*

Encore que pouroit-on conclure de cette
propoſition, ſi elle ſe trouvoit telle dans Hippocrate? ſinon que rien ne paſſe dans le ſang
s'il n'eſt parfaitement digeré, qu'il n'y a que
la partie fluide de l'aliment exterieur qui ſe

change en chyle, & que la partie solide &
grossiere en est rejettée & chassée en excre-
ment.

Mais Hippocrate s'explique bien d'une autre maniere, *Cum enim*, dit-il, *Transitus alimenti angustiores sint, aliud insuper accedens
non suscipiunt.* Que l'on se récrie à present,
& que l'on repête tant que l'on voudra, que
cette Biere se trouve,, surchargée de gluë &
de mucilage,, Nous repondrons, que ce qui
n'est pas propre à fournir l'aliment dans
l'homme, cette humeur legere qui le nourrit,
ne passe pas dans le sang, & que tout ce ga-
limathias de force augmentée & impropre à
être le délayant & le vehicule de l'aliment,
n'est qu'une tautologie exagerée de la Lettre
anonime, à laquelle nous avons répondu.
Quelle passion! quelle opiniatreté! quelle conduite enfin! Si à la lüeur d'une palinodie
feinte & affeétée, l'on tâchoit de renouvel-
ler dans l'esprit du public des préjugés, dont
nous avons pleinement demontré la fausseté.

Nôtre Expositeur n'en reste pas là ,,Les
,,forces & l'accroissement. *selon luy*, ne de-
,,mandent point d'aliment solide,, Il ne fau-
dra donc plus manger, O la belle exposition!
Il cite encore Hippocrate, & voila comme
il le fait parler. *Robur & augmentum & alimentum per nihil aliud contingit quam quod
nihil forte habet.*

Hippocrate dans le livre d'où l'on a tiré
ce paſſage tronqué nous expoſe la Medecine
de ſes Peres: Ces hommes dont la memoire
nous ſera toûjours venerable, accuſoient pour
cauſe des maladies l'acrimonie exceſſive des
humeurs; il ſe trouve, *diſoient-ils*, dans nos
corps de *l'amer*, du *ſalé*, du *doux*, de *l'acide*,
de *l'âpre*, *&c.* qui temperez par leur melange,
ne cauſent aucune incommodité, l'aliment
interieur bleſſe & met toutes les fonctions en
déſordre; s'il eſt amer, ſalé, acide, ou in-
temperé, de maniere que la nature ne peut
le ſurmonter, comme ſeroit entré les acides,
le trés-acide ; entre les amers, le trés-amer,
& c'eſt de ces ſaveurs fortes & intemperées,
& non point de l'aliment ſolide qu'il faut
entendre l'*intemperatum* & le *forte* de l'aliment dont Hippocrate parle dans cet endroit.
Voila ce paſſage tout entier. *Verum robur &*
augmentum ac alimentum præſertim, per nihil
aliud contingit, quam quod probe temperatum
eſt, & nihil habet intemperatum, neque forte,
ſed totum unum factum eſt, & ſimplex & non
forte.

A preſent pour décider ce que peut l'aliment fort, exempt de toute ſaveur intemperée, dont nous venons de parler; il faut le
conſiderer dans ſon état de crudité, n'aiant
ſubi encore aucune preparation, ou ſous

divers dégrez d'elixation qu'on peut luy donner.

Les chairs qui n'ont fubit qu'une legere
coction, *crudiores*, donnent plus de forces, mais
ne paffent pas aifement. Celles à qui l'on a
donné une coction moderée, *Moderatam
cocturam*, fortifient moderement, & paffent
de même. Enfin celles qui font parfaitement
cuites, donnent peu de forces, *Debiles funt
ad robur*; mais paffent aifement *ad feceffum
verò commodæ. Carnes coctæ fiquidem per-
coctas feceris, debiliores ac leviores.* Hipp.

Comment donc nôtre Expofiteur pourra-
t'il prouver que les Bieres de Valenciennes
font capables de caufer les maux que caufe-
roient les alimens forts ? La chair de bœuf
par exemple, fi on la mangeoit *cruë* ou *peu
cuite* : car c'eft de femblables alimens, qu'il
faut entendre Hippocrate, quand il nous
dit : *At fortes cibi intumefcunt ubi in ven-
trem ingefti fuerint : & replent & difficilius
ac tardius coquuntur, & non fecedunt. Verum humor ab ipfis fortior ac incorruptus
accedens, multum robur ac augmentum cor-
pori addit.* Et voila comme les alimens les
plus forts & les moins affoiblis par la coction,
augmentent de beaucoup les forces & l'embonpoint de ceux qui en ufent & qui peuvent
les furmonter.

L'on ne peut faire autrement que de fe plaindre encore de la mauvaife foi de nôtre Expofiteur, d'avoir omis la derniere propofition de ce paffage qu'il cite d'Hippocrate, & d'y avoir fubftitué celle-cy. *Idcirco facilè cognofcere poffumus plurima cibaria craffa, vifcofa, denfa, ac ponderofa noxia homini effe.*

Impofture honteufe, qui empêche fon auteur de fe nommer, & qui luy feroit inutile fi elle n'étoit pas connuë ; car quelle difference ne fe trouve-t'il point, entre un aliment crud & le même aliment cuit? encore entre un pied de bœuf, par exemple, boüilli & fon boüillon ?

Ces extremités, bien loin d'être un aliment fort, qui enfleroit & rempliroit l'eftomac, & d'où il ne fortiroit que fort tard, nourriffent moins & paffent plus aifement par les felles, que les chairs de ces mêmes animaux. *Corpus quidem minus alunt, ob lentorem tamen per alvum faciliùs fecedunt.* Nonn.

Les voilà donc ces extremités que l'on accufoit un aliment fi fort, fi maffif, fi compaɛt & fi refferré que la fanté de l'homme en avoit tout à craindre, reconnu de nouveau un aliment leger, & qui paffe aifement.

Que peut-on donc craindre de l'ufage des Bieres, qui fe trouveront empreintes de leur fuc nourricier auffi épuré qu'il eft d'excre-

ment ? *Pedes in frequenti motu funt, & mi-
nùs excrementi colligunt :* Tellement que
nôtre Expofiteur condamne l'ufage de ces
extremités, par l'endroit (S'il étoit Medecin)
qu'il les devroit recommander.

Les meilleurs alimens font ceux, qui pris
moderément, gueriffent de la faim & de la
foif : Les alimens legers font ceux, qui pris
un peu largement, ne caufent aucune douleur ou gonflement ; La Biere de Valenciennes prife avec moderation guerit de la foif,
fi on la boit un peu au-deffus de fes befoins,
elle ne caufe aucune douleur, ny gonflement.
Se peut-il une preuve moins équivoque de
la bonté & de la legereté de cette boiffon !

Repondons à prefent aux objeÉtions que
fait nôtre Expofiteur à l'occafion d'un peu
de chaux que l'on jetteroit dans les Bieres
dés le commencement de leurs cuiffons.

„ La Chaux, *dit-il,* a des effets bien plus
furprenans „ Sans doute que ceux des pieds
de veaux ou de bœufs ; La comparaifon eft
digne de fon Auteur „. Sa force, *continue-t'il,*
eft de feu, acre, mordicante & corrofive „
Cela eft encore vray, & il étoit inutile de ra-
porter quelque authorité, pour confirmer
une verité avoüée & connuë de tout le monde.

Délà nôtre Expofiteur conclut „que s'il
étoit croiable, que femblables principes

,,fussent repandus dans la Biere, que l'on
,, n'auroit jamais vû un plus dangereux & plus
,, traitre poison. Passons-luy encore cette
consequence, il luy reste à prouver que le
supposé est croiable, & que la chaux vive
laisse du feu dans l'eau. Aussi a-t'il recours
à un faux-fuïant ,, A un sel lixiviel acide &
,, corrosif de la chaux, *qu'il dit*, dissout &
,, repandu dans la Biere.

Mais ce sel est également supposé & ima-
ginaire : *Ce qui m'a detourné*, dit M. Lemery,
*de suivre le sentiment de ceux, qui veulent
que les effets de la chaux arrivent par le
moien de son sel: c'est que je n'en ay point trouvé,
quoy que je me sois assez appliqué à le chercher.* Ce sçavant Chymiste observe encore,
que *la chaux éteinte s'échauffe considerable-
ment avec l'eau, si l'on y met un acide.* Qui
Peut douter à present que la chaux est un
alcali, qui bien loin de contenir un sel lixiviel
acide, qui n'est qu'un être d'imagination, ne
contient pas même un sel alcalin.

Quelle corrosion ! quelle impression mortelle
pourra donc causer la Biere de Valenciennes !
exempte, comme elle est de toute saveur forte
& intemperée ; ou plûtôt suivant les principes
de nôtre Expositeur, que n'auroit-on point
à apprehender de l'usage moderé du sucre
Royal, preparé & purifié comme il est avec

une leſſive forte & de cendres de bois & de chaux vive ; cette concluſion ne ſeroit point de fauſſe ſuppoſition, cette leſſive contient en effet un ſel lixiviel alcalin corroſif, non-obſtant les alimens aſſaiſonnés de ce ſucre ſont propres pour la ſanté, *alimenta Saccharo condita ſalubria*, Theſe qui a été ſoûtenuë dans les écoles publiques de Medecine de Paris le 13. Mars 1731. ſous la préſidence de Mr. le Thieullier, &c.

Adjoutons aux obſervations de ce Medecin l'uſage que l'on a dans quelques endroits d'Italie, que nous tenons d'une perſonne digne de foi, qui eſt de jetter un peu de chaux dans l'eau que l'on doit boire ; au moyen de quoy, cette eau devient trés-claire, tranſparente comme du criſtal, & moins nuiſible, à cauſe qu'elle refroidit moins l'eſtomac, & qu'elle paſſe plus aiſement par les urines. A préſent ſi la chaux perfectionne les eaux d'Italie, comment pourra-t'elle deteriorer les Bieres de Valenciennes ?

Aprés ces objections ridicules auxquelles nous venons de repondre, nôtre Expoſiteur nous propoſe à la fin l'eau pour la meilleure de toutes les boiſſons.

Mais l'eau toute délayante & humide qu'elle eſt, ſuivant Galien, n'eſt pas propre pour la digeſtion & la diſtribution de l'ali-

ment, L'eau, dit cet auteur, par sa froidure
affoiblit l'estomac, croupit dans ce viscere,
s'y corrompt, *Corrumpitur & naturale robur
exolvit* : Tellement qu'il n'y a que certains
Artisans où les temperamens chauds & secs,
dont elle modere la transpiration excessive,
qui peuvent esperer quelque chose de bon
de cette boisson, pourvû qu'ils en usent avec
beaucoup de retenuë & de moderation.
Il est vray que l'eau est la plus simple de toutes
les boissons, & qu'elle a été la seule & unique
boisson des hommes avant le deluge, comme
elle l'est encore aujourd'huy de tous les autres
animaux : Mais pretendre pour cette raison,
qu'elle la doit être encore à present ; cela,
dit-on, n'est pas moins extravagant, que de
vouloir, que l'on useroit aujourd'huy d'alimens cruds, à cause qu'on les auroit toûjours
reçû tels des mains liberales du Createur,
& que les hommes, long-têms avant le deluge auroient été en état de les surmonter.

Il est vray que les buveurs d'eau sont grands
Mangeurs, & qu'ils mangent d'avantage que
ceux qui boivent de la Biere. Mais que
peut-on conclure de cette observation ? sinon
que l'eau les nourrissant peu, qu'elle ne sa-
tisfait point à leurs besoins ; qu'elle leur laisse
un appetit trompeur, suivant le Celebre Duret
sur ces mots d'Hippoc. *Aqua vorax, une faim*

fans appetit, à laquelle ils ne fatisfont qu'en
trop mangeant ; ce qui fait qu'ils digerent
mal & tranfpirent peu, qu'ils abondent en
crudité, & que peu d'entre eux font d'une
fanté parfaite, fe trouvant la plûpart fans couleur, & d'un teint pâle, tant l'ufage de l'eau
pure pour toute boiffon difpofe à la cachexie.

Il y a des temperamens à qui le vin eft
plus propre, d'autres à qui le cidre & la
Biere conviennent mieux, d'autres enfin dans
l'eftomac defquels ces boiffons fe corrompent & à qui il ne faut abfolument que
de l'eau. Ces derniers temperamens font
trés-rares dans ces Provinces, & affez fre-
quens dans les pays meridionaux ; c'eft ra-
doter de pretendre que l'eau qui convient,
& eft neceffaire à ceux-ci, puiffe fatisfaire aux
befoins de tous les autres.

Ces perfonnes d'une fanté de temperament
fi particulier, doivent préferer l'eau de fontaine & de puits, qui dans le fond ne font
que des fontaines artificielles ; nôtre Expofiteur donnant la prééminence à l'eau pour
l'ufage commun de la boiffon, préfere celle
de fontaine ou de rivieres éloignées de leurs
origines ; fon difcours auroit eté fupportable,
s'il avoit dit éloignées des grandes villes ; car
celles qui paffent par ces endroits font ordi-

hairement chargées d'immondices, qui les
rendent trés-pernicieufes. L'eau des grandes
rivieres fuivant Hipp. occafionne d'affreufes
& cruelles infirmités : *Calculo maximè labo-
rant homines & ex renum affectionibus, &
urinæ ftillicidio & coxendicum morbo corri-
piuntur, & herniæ fiunt, ubi aquas omnige-
nas bibunt, & de magnis fluminibus in quæ
alia deferuntur.*

Aprés cela, fi nôtre prétendu Expofiteur, ce
faux difciple d'Hippocrate veut fçavoir ce que
les perfonnes du fexe ont à craindre de l'eau
pure pour toute boiffon, il n'a qu'à conful-
ter fon Rivier reformé pag. 16. l'emmenolo-
gie de Mr. Freind pag. 80. il apprendra,
comme cette boiffon éteint le lait, & dé-
range l'accident dont je ne veux point parler. *Ex Mulieribus verò multæ fteriles fiunt
propter aquas quæ duræ funt ac crudæ ac
frigidæ, purgationes enim menftruæ non per-
tingunt commodæ, fed paucæ ac pravæ, deinde
pariunt difficulter & non valdè abortiunt;
ubi verò pepererint, pueros nutrire non
poffunt, lac enim ab aquarum duriciâ ac cru-
ditate extinguitur.* Hipp.

Il femble que nous n'en devons pas dire
davantage, l'embonpoint, la vigueur, la bonne couleur, la longue vie de ceux qui ne
boivent que de la Biere, le peu de goute &

de gravelle qui s'obferve dans les pays, où elle eft la boiffon ordinaire parlent affez pour elle. *Calumnia*, dit Mundius, *numquam valebit apud eos qui norunt quam vegeti & longævi fint, qui alio potu non utuntur.*

C'eft à la verité une calomnie & une ignorance bien groffiere d'infimuler la Biere, d'occafionner les maux qui ne font dûs qu'a la débauche & à la crapule.

Nous finirons, en avertiffant, qu'il y a bien peu de temperamens, à qui la Biere ne convienne, & qu'elle eft auffi neceffaire dans ces Provinces que le foleil, le feu & l'eau, *Quo nectare*, dit Simon Paulli, *Non minus quam fole, igne & aquâ feptem fubjecti trionibus, feu quorum Cælum uvas recufat, carere poffumus. Atqui... ergo.*

Et voilà comme toute cette expofition des mauvais effets de la Biere tombe d'elle-même, & montre la mauvaife foi, le peu de lecture & de fcience de fon Auteur.

F I N.

www.ingramcontent.com/pod-product-compliance
Ingram Content Group UK Ltd.
Pitfield, Milton Keynes, MK11 3LW, UK
UKHW031808170726
13836UKWH00003B/1277